Die Verdorrten

Ernst Weiss

Alpha Editions

This edition published in 2022

ISBN : 9789356900585

Design and Setting By
Alpha Editions
www.alphaedis.com
Email - info@alphaedis.com

Die Verdorrten

I.

Edgar und Esther kannten einander viele Jahre, bevor sie einander liebten. Sie änderte sich in diesen Jahren nicht viel: groß, blond, die Haare schwer um den schmalen Kopf, schiefgestellt die blauen Augen, ihr Mund groß oder klein, weich oder hart, kindlich oder verbittert, wie sie eben lebte, an Regentagen war er anders als an starken, sonnigen.

Er liebte an ihr den spitzigen gotischen Bogen ihres Kinnes, ihr Gesicht konnte er dann zwischen zwei Finger nehmen, leise hin und her bewegen, und es strömte wie Licht ohne Grenzen. Für Augenblicke wurde sie, war sie: wovon er träumte: ein Wesen ohne Wissen, ein Etwas, umschwungen von *ewiger Sommerzeit*, schwimmend in Duft wie in einer eigenen Welt! Ein Stern, allem Bekannten unbekannt, entfernt von Tier, von Pflanze, eine starke Gewalt, beide Hände triefend voll mit Wollust, etwas tiefes zum hineinversinken, dem Schlafe gleich und dem Tod, dem ersehnten, dem gefürchteten.

Das war sie nicht. Sie war ein Mensch aus bürgerlichen Kreisen, ein Herz, noch unberührt, in ihrer Blüte ein junges Mädchen. In ihrer Blöße eine zitternde Braut, das hatte Esther zu geben, das gab sie ihm.

II.

Er wollte sie besitzen, immer zu ihr zurückkehren können. Aber auf die Dauer konnte er mit ihr nicht leben. Er konnte überhaupt nicht dauernd mit Menschen Wand an Wand, Mund an Mund, Brust an Brust leben. Es beengte ihn bis zur Angst des Erstickens: er haßte, er verfluchte, stampfte in die Erde Vater, Mutter. Die Samtmöbel im Zimmer, die Geliebte, den Hauch ihres Atems, den etwas vergilbten Einsatz ihres Hemdes, ihr Haar, das er am Tage nachher in seinem Kamm fand oder auf dem Grunde seines Waschbeckens, alles reizte ihn zum Erbrechen, als ziehe es sich durch seinen Hals die Kehle herab! Wie als Kind trieb er sich viel herum auf steinigen Bergen, sprach zu sich, sang stundenlang zu dem Takte seiner Schritte, zu dem Stampfen der Lokomotiven, zu dem Surren der Zentrifuge in seinem Laboratorium, während er umherging.

Er liebte die Freiheit über alle Worte, aber er liebte auch die Menschen, und zwischen beiden schwankte er. War die Geliebte verreist, dachte er an sie in allerinnigster Sehnsucht, schwoll an mit der schwersten Qual des gierigen Geschlechts. Wieder sah er, und die Wehmut jugendlicher Tage kam nie mehr, die rauschende Halle des Fernbahnhofes, Eisen und gebräuntes Glas, die überstickte Schwüle des Wartesaales, in Wehmut preßte sich der kleine

Hügel ihrer unbewehrten Brust an seine Schulter beim Abschied des Abends, feucht und schwer machte der sich verdichtende Nebel ihr sanft fallendes Haar, rührend rauschte es an seinen Lippen vorbei, demütige Liebkosung! Wenn sie gerade entschwinden wollte, fühlte er sie ganz: die holden Brüste, die schräg gleitende Falte, von der Schulter abwärts, ihren kleinen Fuß, den er wie ein Stück warmes Elfenbein zwischen seinen Händen rollte, und ihr Duft, unvergeßlich war ihr Duft zu Anfang ihrer Liebeszeit, scharf und sommerlich zugleich, ein fremdes Gewürz, das sie mit ihrer Unschuld dahingab, das ihn dann nie mehr zu Tränen überwältigte. Aber wenn sie wiederkehrte, etwas blieb auf immer verloren.

So erlebte er, daß nicht nur das Sterbliche am Menschen verwesen konnte, sondern auch das Unsterbliche, die glühende Flamme, Duft von Seele zu Seele, die letzte, die einzige Wirklichkeit, wie ein Pfeilerbogen gespannt über zwei Säulen, unerschütterlich dem Blick, aber nicht der Zeit!

An manchen Tagen verblaßte auch das stärkste bei ihnen beiden, das letzte kam nicht, war nicht zu erreichen, mit den Spitzen der Zähne nicht zu erraffen.

Schon vorher hatte er sie nackt gesehen, in der schwankenden Kühle ihrer Gestalt am weißen Porzellanofen, schon früher hatte er ihre Hände in den seinen gehalten, während sie langsam erkalteten in der beginnenden Glut ihrer Begierde. Wußte er nicht um ihr Zittern, wie ein Mond wuchs auf der lichte Stern ihrer Augen, etwas schräg in dem Dunkel des weißwolkigen Gesichts, und überall war Licht. Unendliche Vereinigung, zweier Sterngebilde gleichmelodisch schwebender Tanz, Ehe der Ehen, das ersehnte er. Esther aber war das verführte Kind, der geschlagene Feind, der bestochene Besitzer, ärmer jetzt als der Bettler, in dessen Hut er seinen Heller hatte fallen lassen.

Sie waren beide jung, das war ihr letzter Besitz, und er schien unerschöpflich. Gesundheit lebten sie wie Unsterblichkeit.

Der Sommer war schön, schön war es, auf der Terrasse des Kaffeehauses zu sitzen nachts, ohne Bewußtsein der Zeit, hinter den verstaubten Oleanderbüschen gedeckt, Nacht schwebte um sie, sie saßen noch, als das Licht verlöscht war, und im Dunkel, im Schweigen glaubte der Mann zu sehen, wie die starren Spitzen ihrer eisenschweren Brüste durch den weißen Batist ihres Kleides stachen, das, wie bei einem Kinde hoch geschlossen sich kräuselte um ihren wild pochenden Hals.

Das herrlichste war jetzt nicht mehr das allein mit ihr im dunklen Zimmer, im Widerschein des dunkelpurpurnen Seidenteppichs, sondern im Freien mit ihr zu leben, nie hatte er Tage, Nächte empfunden wie jetzt, der Mai, der Juni, immer wolkenlos, wolkenlos, weit ging er mit ihr, ohne zu reden, bis in die Nacht, in der Nacht schimmerte ihr weißes Kleid, ihr bloßer Nacken, wie zart stieg alles an ihr empor! Sie gingen schnell, sie liefen, die goldene Kette um ihren Hals klirrte, aus ihrer noch von der Nachmittagshitze erregten Brust schwamm Duft, bitter und süß, duftend ihr feuchter Mund nach Niewiederkehr, ganz war sie umwölkt von dem quellenden Safte vieler gepflückter Pflanzen.

Nie fühlte er Müdigkeit, alle Glut entzitterte ihm zu unbeschreiblichem Entzücken, er liebte sie wie ein hochgeschwungener Ton von der tiefsten Tiefe aufrührend ihr sommerfeuchtes Fleisch, und beide waren, wie ein unhörbar hohes, durchdringendes Schwingen am Ende ihrer Liebe am Ende der erreichbaren Welt. Sein Schweigen nachher eins mit dem Schweigen des Waldes, ihr Zittern, so mädchenhaft, eins mit dem Zittern der windgestreiften Birke. Immer neu, immer jungfräulich erwachte unter Bäumen der nächste Tag den Liebenden. Als sie nach der Reise wiederkehrte, war es nicht mehr die gleiche Luft, die gleiche Zeit. Sie fühlte tiefer, tiefer gruben sich ihre Frauenschritte in den Boden.

Ihn hatten diese Monate des Fernseins jünger gemacht um Jahre, er hatte Esther ersehnt, anders als sie ihn verlassen hatte, leidenschaftlicher, dunkler, mit krallenden Wünschen, entflammenden Gebärden, wild alles emporreißend zu dem Unsagbaren, nicht einen nackten Körper bloß, eine nackte Seele. Sie aber war verwandelt in das Mädchen von einst, geschlossen zurück zur Knospe, stark im Schweigen. Jungfrau war sie nicht mehr, sondern einer Mutter Seele, eine mütterliche Zärtlichkeit. Sie war nicht mehr Esther, er war Edgar nicht mehr, sie lebten hintereinander, stets auf der Flucht einer vor dem anderen, stets beisammen in unselig verzaubertem Kreis. Soviel sie zusammen waren, soviel sie einander sagten, sie wurden einander fremd und seine Treue zu Esther schien ihm Untreue zu sein gegen sich selbst.

Für kurze Zeit nur, dachte er, mußte er zu der alten Geliebten zurückkehren, dann erst begann eine neue Zeit, umsoviel herrlicher als das Jetzt, als Esther in ihren schönsten Sommertagen herrlicher gewesen war als die „alleinige Zeit“ vorher. Aber war es noch Esther? Nur eine Woche oder zwei hatte er sie gemieden, nun erkannte er sie kaum mehr wieder. Ganz grau wurde die alte Geliebte neben ihm. Jetzt war sie nichts als die Vernunft, der tägliche Tag, die kleine Entzauberung, die Wirklichkeit. Ihre Haare waren noch lastend und blond, aber Esther selbst, in ihrem innersten Wesen schien ihm furchtbar ergraut.

III.

Lange schon fühlten sie beide, daß sie einander nicht mehr mit Liebe von einst liebten, aber sie wußten zuviel voneinander, sie waren einander gewohnt.

Seine chemische Fabrik, die er in einem Vorort hatte, ging schlecht. Es kam eine gute Gelegenheit, sie teuer zu verkaufen, und in dem in eine Aktiengesellschaft umgewandelten Unternehmen noch eine fast leitende Stellung zu erhalten. Aber war das ein glücklicher Zufall, so bewährte sich das Glück auf der Börse, wo er zu spielen begann, nicht so sehr. Er verlor die Hälfte seines Vermögens an drei aufeinanderfolgenden schrecklichen Tagen, das letzte ließ sich nur abwenden, weil er mit dem seine Geschäfte führenden Bankier seit Kindeszeiten befreundet war und der Bankier keine weitere Deckung verlangte, so daß das Engagement vielleicht bei einer Besserung der Konjunktur doch noch ohne großen Schaden abgewickelt werden konnte. Auf alle Fälle hatte er die fast leitende Stellung in der Fabrik, es war zwar sicheres, aber doch fremdes Brot und manchmal bitter für ihn. Es waren kleine Verhältnisse, in denen er lebte.

Die alte Geliebte war ihm auch jetzt treu. Sie hatte nie an besondere Glücksfälle geglaubt, sie war die Wirklichkeit, die Vernunft. Immer blieb die Sorge bei ihr, die Angst bewachte jede Umarmung. Das Keuscheste wurde schamlos, wenn sie, die Geliebte des Verarmten, daran dachte, daß sie ein Kind bekommen könnte.

Sie suchte und fand einen „Gelderwerb“. Leicht war es ihr nicht, die an fremden Türen zu klopfen nicht gewohnt war, aber es war leichter, als Edgar „zur Last zu fallen“. Das Böse der bösen Tage draußen, trieb ihn und sie zu ihr und ihm.

Verzweiflung kam nach Jahren, kam nach lange geduldig getragenen Enttäuschungen. Er verzweifelte an ihr, sie am Leben.

Aber nach erbitterten Faustkämpfen mit Worten, denn zur Gewalt liebte er sie nicht genug, nach Hieben mit alten Beschuldigungen, längst verjährten Sünden, gab es Umarmungen, es rauschten wortlose unbeschreibliche Nächte. Auch er erwachte aus ihrer Schwäche nicht mehr strahlend wie einst und herrlich verjüngt — beide entstiegen sie der Dunkelheit gealtert, verwüstet, entgöttert. Aus einer dieser Nächte wurde das Kind.

Sie dachten lange nicht daran, daß „es“ möglich sein könne, aber dann kam eine Zeit, da sie einstimmig lachten, wenn sie davon sprachen, aber allein gelassen Gelübde ablegten für den Fall, daß das „Unglück“ nicht einträfe. Es war mehr als Unglück, es erschien ihm als völlige Vernichtung seines Lebens, Erstickung jeder besseren Zukunft. Esther aber hatte sich endlich daran gewöhnt, die Schwefelsäure in ihrem Zusammenleben mit ihm zu ertragen.

Sie war reifer geworden, denn sie fürchtete nichts mehr. Anderen Männern, wie dem Bankier, trat sie mit Sicherheit entgegen, es war ihr trauriger Triumph, daß niemand von ihrer Verbindung mit Edgar wußte. Sie spielte mit den anderen, und so tränenselig sie bei Edgar war, so konnte sie doch in großer Gesellschaft verführerisch lächelnd am Klavier stehen, leicht über die Tafel des Instrumentes gebeugt, sehr schlank in der zarten Linie ihrer an den Flügel geschmiegten Hüften. Oft sprach man von Liebe und Ehe und sie erzählte mit mädchenhafter Schwärmerei von einem edlen Jugendgeliebten, der nun in Afrika oder sonst an einem Ende der Welt als Elefantenjäger lebte.

Edgar konnte nicht jeden Tag mit der ungeliebten Geliebten zusammensein, aber auch Einsamkeit ertrug er nicht, sie machte ihn irr, wahnsinnig, jagte ihn in ewige Flucht durch die ewige Verfolgung des eigenen Ich, in Furcht vor dem Wahnsinn fieberte er, wie in der Zeit vor Esther. Er konnte nicht ohne Bücher, Zeitungen leben. Mußte er einmal eine Stunde allein sein, dann las er, rechnete, schrieb, blieb lange über die Arbeitszeit in dem ganz verlassenen Laboratorium, zündete die Gashähne der Bunsenbrenner an, stellte sie wieder klein, nutzloses Werk, Werk des nutzlosen, endlich warf er sich auf ein Sofa, zog den Rock über das Gesicht, tat sich Gewalt an, langsam zu atmen, irgendwie sich zu schützen vor der großen Angst, dem idiotischen Verhängnis, das an unrechter Stelle „Feuer gefangen hatte". Gebrochen, zermalmt kam er abends zu Esther, die in seiner Wohnung auf ihn gewartet hatte. Auch da war es unerträglich. Sie hatte, rührend und unerträglich sanft wie immer, mit dem Abendbrot auf ihn gewartet, nun trieb er sie hungrig zu einem Spaziergang, rannte sich müde, schleppte sie durch unbekannte Gassen, durch Fabrikhöfe, über Schutt- und Schlackenhaufen, endlose Straßenbahngeleise entlang. Er sprach nun, redete hemmungslos ins Unmögliche, übertäubte alles, endlich war er müde genug, um sie zu küssen.

Endlich doch, und nachher, in einem befreiten Aufatmen gestanden sie einander ihre Sorgen ein, und als sie lange genug einander eingeredet hatten, daß „es" unmöglich sei, begannen sie Pläne zu schmieden. Jetzt, da er neben ihr lag, und ihr mattes Haar schimmern sah im Licht der Laterne draußen, da seine Finger sich um ihre nackten, wie Pfirsiche zu tastenden Knie spannten, jetzt lebte sie in ihm, unverlierbar.

Er mußte fort, die Stadt beengte ihn, jetzt hatte er eine brutale Arbeitslust, er mußte eine neue Freiheit haben. Er sprach nicht für sich, sondern doch für beide? Es war das beste, das einzige für sie, es handelte sich nur um Monate, um wenige Jahre, um wenige tragende Ideen, die Ideen waren einfach, das Geld lag auf der Straße, der Bankier glaubte auch daran, aber hier konnte er sie nicht zuende bringen, da er sich zu sehr um seinen Liebling, um Esther sorgen müsse. Vor allem mußte doch für sie gesorgt werden, er wollte viel Geld verdienen, „Brüsseler Spitzen handbreit um das da" flüsterte er, während er mit falscher Schmeichelei ihr nacktes Knie umfaßte.

Nach einem langen Schweigen sagte er leise, wenn sie beide alt geworden wären und müde, dann könnten sie einander heiraten.

Für alles war ein Ausweg, ein guter Trost, nur diese unheimliche Möglichkeit mußte fort, dieses Gespenst einer Familie, einer Kinderschar bei einem Einkommen von 2 800 für alle. Dieses Gespenst erst mußte fort, alles stand ja gut, morgen konnte man in Sicherheit sein, auch sie, die vielumsorgte Esther, morgen oder spätestens in einer Woche.

Aber es kam nicht zum Aufatmen, von neuem gab es Kämpfe, hartnäckigen Widerstand gegen das ungeborene Kind. Die mathematische Wahrscheinlichkeit, die klare Vernunft, der höhere Sinn des Lebens wurden dagegen zu Hilfe gerufen. Sah die Geliebte gut aus, dann sprach ja ihr rosiger Teint dagegen, hatte sie ein verfallenes Gesicht, dann war sie eben krank, und diese Krankheit täuschte das Kind vor, das nicht da war, weil es nicht da sein durfte.

Aber es war doch da. Er schickte sie zum Arzt, nur zur Beruhigung, um seine Sorgen loszuwerden. Sie kam sehr bald zurück, setzte sich still und ruhig zu ihm, so ruhig, daß er aufatmete. Waren sie befreit? Nein. Es war da. Es gab keinen Zweifel mehr.

Und warum weinte sie nicht?

Sie weinte, er hatte ihre Tränen nicht bemerkt. Seitdem sich ihre Liebe so sonderbar geändert hatte, hatte Edgar verlernt, sie zu trösten. Nur er konnte es, sagte sie. Einmal war sie von einem Wagen beinahe überfahren worden, der Kutscher hatte sie in den Kot gestoßen und nachher noch gemein beschimpft. In zerrissenen, mit Straßenkot getränkten Kleidern war Esther zu ihm gekommen, ihr krampfhaftes Weinen war jammervoll. Er hatte sie wie ein Kind getröstet, in zehn Minuten hatte sie gelacht und in seinen Armen vor Lust sich gekrümmt, während die Kleider am Herd trockneten.

Auch jetzt tröstete er sie. Aber sie wollte nicht Lust. Sie war still, seit langem hatte sie „es" gefühlt, daß es kommen mußte, gewußt seit der ersten Nacht, vor so langer Zeit. Aber sie hatte sich nie mit Schmerzen an dieses „es" in Gedanken geklammert, vielleicht es immer gewollt, „es" allein. Aber sein Unglück war nicht zu ermessen? War es so schwer?

Sie liebte ihn jetzt mit einer so sublimen, außerirdischen Liebe, ganz ohne Grund, denn wenn Gründe gegolten hätten, wie hätten sich die Verstummten jetzt in die Augen sehen können?

Draußen regnete es im Gewitter. Es war ein später Apriltag und ungewöhnlich warm. Als sie auf die Straße kamen, hörte der Regen auf. Sie gingen in den Park. Langsam hoben sich die Blätter in der abendlichen Sonne, befreit von der Feuchtigkeit. Goldfarbene Regenwürmer schlängelten sich über ockerfarbigen Sand, die zart gestrichelten Glieder schienen sich neu aus dem Innern der Würmer zu gebären. Die Vögel sangen, am Abhang sah man einen Knaben einen weißen Reifen vor sich hertreiben, Liebespaare schwankten seitwärts in tiefen Schatten. Von überall kamen die Regenwürmer hervor, schwer war es, sie nicht zu zertreten. Während der Mann sein ganzes Wollen hinzwang, zu schonen die goldenen Windungen der schädellosen Tiere, fühlte er mit Entsetzen, daß etwas ebenso wortloses, ebenso lebendiges im Schoße Esthers lebe und nicht zertreten sein dürfe. Er wollte „es“ also zertreten? Er wollte es, er wußte in seiner Seele, daß er dieses ungeborene Kind haßte. Er konnte nicht ertragen, dieses gegen seinen Willen Lebende lebend zu wissen. Es sprach nichts. Sie sah ihn von der Seite an, nicht anders als sonst, sie lehnte an seinem Arm, mit der gleichen unerträglich sanften Wärme wie sonst.

Er führte sie zur Vorortbahn; noch war es Zeit, hinauszukommen, bevor es dunkel wurde. In schwebendem Entzücken hatte er sonst die rußbeschwerte Luft der Lokomotive eingeatmet. Wie wundervoll waren die schwarzen Berge, an den Konturen leicht gezähnt, wie herrlich weiße Blütenbäume zur Nacht, Wirtshäuser mit Blechmusik am Sonntagnachmittag, Wege, wie Wurzeln sich krümmend, in die Täler gezielt, Waldgründe in Sommerfeuchtigkeit gewölkt, lichte Blumen, gestützt auf leichte Moose. In allem hatte er sich wiedergefunden. Daß anderes lebte, machte auch ihn aufs tiefste leben.

Alles war jung, blühend, glücklich um ihn, den Glücklichen. Bis auf den heutigen Tag. Nun war schon das Abteil wie ein Krankenzimmer. Alles war erfüllt von Berechnung, von Enge, von ewigem Absorgen. Endlich waren sie im Freien. Aber noch nicht frei genug. Er fragte sie, ob sie in ihrem Zustand gehen könne, ob ihr die Feuchtigkeit nicht schade, mußten sie langsam gehen, oder noch nicht?

Die Nacht war tief. Verborgen die Lichter des Ortes hinter schwankenden Zweigen. Ein Vogel schrie, pickte auf dem schon trocken gewordenen Waldboden hin und her, Bäume traten über einem kleinen Weg zusammen, die Kronen verschlangen sich, der Himmel verschwand, der Pfad war ein Tunnel. Weit vorne, jenseits der Lichtung, führte die Landstraße, ein Wagen knarrte, wie Honig schimmerte das Licht der Laterne.

Sie hatten von der Schweiz gesprochen, wenn er angegesichts der sicheren Sorgen auf alle großen Pläne verzichtete, gab es ja eine Möglichkeit. Er machte sich klein, er war im Augenblick der Mitleidwürdige, er wollte verzichten für sich, wenn es dann für Esther und das Kind reichte. Er stellte eine Bilanz auf, rechnete Ziffern zusammen auf seiner bloßen Hand, gut, ein ganzes Leben voll von Geldsorgen, eine elende Existenz auch für das Kind, aber es mußte ja sein? Kinder proletarischer Eltern, für die nicht vorgesorgt war, nicht einmal Wäsche war vorbereitet für Esthers Kind, hatten keine starken Lebensaussichten, aber ein Zufall konnte es doch am Leben erhalten? Sie ließ ihn reden, atmete schnell, sagte nichts.

Seit diesen drei Stunden sah ihr jeder die Schwangerschaft an. Zusammengeklumpt ihr sonst so zartes Gesicht, schwer ihr Gang, nichts mehr von dem Mädchen Esther, dem knabenschlanken.

Frühere Tage! Einst verlebte Herbststunden, so kühl, Wintertage, klar belebt, schwarz der Himmel in seiner tiefsten Bläue! Erwachendes Frühjahr, die Zweige geschwellt, warme Luft und warme Blätter, Esther voraus am Wege, rechts und links zugleich, von überallher ihr zwitscherndes Lachen, von überallher die Überraschung ihrer herrlichen Jugend, immer auf der Flucht, bis es plötzlich neben ihm aufrauschte, lautlos aufschwellend neben ihn sich drängte, scheu, wollüstig, Esther.

Heute, am siebenundzwanzigsten April, im vierten Jahre ihrer Gemeinschaft war Esther die unentrinnbare. Gegen seinen Willen zerrte ihn das unsinnigste Verhängnis zu der alten Geliebten, er mochte sich wie immer seine Zukunft vorstellen, irgendwo kroch doch dieses Kind umher. Er sah es immer im Alter von drei Jahren, ein halbes Tier, ohne Sprache, zudringlich, drohend, es zwang ihn, es zu hassen, wie es sich erzwungen hatte, auf der Welt zu sein. Aber die anderen, Esther und dieses Kind, wie fühlte er, daß diese anderen einander lieben würden ohne ihn! Er entschloß sich. Er zerstörte dieses Kind in seinen Gedanken, dann erst konnte es in Esthers Gedanken zerstört werden, und am Ende in Wirklichkeit.

IV.

Edgar ging schnell, er lief, Esther begriff ihn noch nicht, sie eilte ihm nach, er rannte dahin, sprang über Wurzeln, die hoch bogenförmig sich spannten über kaum sichtbare Saumpfade. Winterlich schwere Gebüsche trat er herab, sie folgte ihm, schweigend, ihr Atem jagte, ihr Herz schlug.

Noch waren die Bäume feucht vom Regen, die Erde schwer am Fuße der hohen Bäume, wo kein Gras wuchs. Er lief weiter, beflügelte sie, verzweifelte Leidenschaft ließ sie jetzt dahinstürmen, Hand in Hand, er hielt die Zweige von ihren Augen ab, aber Esther riß er hoch, vor dem Abhang, der Dämmerung, der Tiefe.

Jetzt hatte sie wieder das alte Gesicht, wollüstig und scheu, Esther, aber war sie mit neuer Jungfräulichkeit geschwellt, „es" lebte noch, „es" würgte ihn wie ein Haar, in seiner Kehle tief. Aber Edgar und Esther, gemeinsam rasend in hingewölbtem Schwung, weiter Wiesen erstes Grün, unter den Füßen sinkender Hang, rollend in Geröll, fliehender Mond unter spiraligen Wolken, blasender Wind über der nächtlichen Waldblöße, der kalt versteinerten Ebene, von einem einzigen Trieb getrieben, schleuderten sie hin auf den Boden: Brust an Brust, Fleisch an Fleisch: in einer verzweifelten Umarmung umarmten sie ihre ganze Liebe noch einmal.

Tränen wurden. Überwältigung. Nun war Esther das Wesen ohne Wissen, die allem Bekannten unbekannte, ein nackter Schoß, eine Seele nackt, nicht der mütterlich schützende Leib, sondern nur des Geliebten Geliebte, Braut.

Sie schämte sich, ihn anzusehen nachher. Von dem Kinde sprach sie nicht mehr. Sie zitterte in Schmerzen, war elend, ohne Mitleid grub der Geliebte seinen Blick in ihr gemartertes Gesicht. In Esthers Gedanken war „es" zerstört. Sie kam an dem nächsten Tage in ein Privathaus. Sie gab einen fremden Namen an. Er durfte ihr nicht schreiben, aber sie durfte es. Sie sagte ihm, er solle sich keine Sorgen machen, das war Hohn und Zärtlichkeit zugleich. Er ließ sie dort, lange ging er unter den Fenstern hin und her. Hunde bellten, Kinder schrien, eine Maschine, vielleicht in einer Druckerei, bewegte sich stöhnend. Ein sehr schönes, sehr junges Mädchen ging vorbei, so leichte zarte Hüften, so feine Knöchel in glimmernden Seidenstrümpfen. Zum erstenmal ergriff Edgar Schmerz um die Geliebte, er wußte, über diesen Tag konnten sie weiterleben, aber nicht mehr so wie jetzt, eine Esther war auf ewig verloren, wenn auch eine Esther wiederkam.

Am nächsten Tage hatte er nur Angst. Angst vor dem notwendigen „Eingriff", Angst, daß Esther im letzten Augenblick Angst vor dem Eingriff bekäme und „es" zu retten versuchte. Fremde Augen, fremde, robuste Hände, brutale Worte, ihre, der armen Esther kranke Nacktheit fühlte er als seine eigene Schande.

Am dritten Tage dachte er nur an ihren Tod. Tausendmal war solches geschehen, die blühendsten Menschen hatte „es" so hinweggerafft, warum sollte es nicht sie hinwegraffen, die er liebte? Er liebte sie? Alles, fühlte er tief erschüttert, tat sie seinetwegen, unauslöschlich war seine Schuld, ohne Grenzen ihre Liebe.

Was lag jetzt an der Freiheit, an dem ersehnten Alleinsein, an eines neuen Lebens Beginn? Er konnte sich nicht betäuben, Wein wirkte nicht gegen Wirklichkeit, die Welt war zu klein für Flucht. Sie sprechen, ihr schreiben? Esther lag vielleicht schon in dieser Minute auf dem schmutzigen Seziertisch eines Vorstadtspitals, sie krümmte sich nicht unter der knochigen Hand eines betrunkenen Sezierdieners, der ihren zerstörten Leib mit groben Bindfaden zusammennähte. Aber nicht erst der Tod, schon er, Edgar, hatte diesen Körper aufgerissen, ihn mit einem Atom Lust gefüllt und mit einem Berg von Schmerz und Tod. In ihren Fenstern war es dunkel.

Gebrochen von Ekel und Wut kam er nach Hause.

Schlaflos saß er die ganze Nacht, eingehüllt in graue Dumpfheit, mit der Hand ohne Aufhören ein Stück Kerze knetend, bis es, klebrig und grau geworden, an seinen Fingern hing. Am Morgen ging er zu ihr.

V.

Esther, in verdunkeltem Zimmer, riß ohne Worte seine Hand in eine eiserne Klammer zwischen ihre Schulter und den seitwärts gesenkten Kopf.

„Vorbei?"

„Nein, laß es mir, laß es!"

„Habe ich dich je zu etwas gezwungen?"

„Willst du es?"

„—"

„Ein Tier, eine wilde Bestie läßt man austragen, wer läßt die Mutter leben, das Muttertier, und vertilgt das Kind?"

„Habe ich dich hergebracht? Wer kann dich zwingen?"

„Nein, nicht so. Du willst mich nicht, das verstehe ich so gut. Du, was war ich als Geliebte? Als Mutter werde ich leben!"

„Leben, wovon? Du und dein Kind, und ich, der letzte, aber doch auch ein Mensch."

„Ich werde arbeiten."

„Du hast doch bis jetzt gearbeitet und doch muß ich es bezahlen, wenn du hier zu Bett liegst. Ist das gemein? Es ist so."

„Im Bett? Ich erwarte ihn."

„Wen?"

„Der es schlachten soll!"

„Schlachten! Worte! Kleide dich an, komm fort. Wie du willst."

„Nicht so. Nicht so! Ist es nicht von dir? Ich habe dich doch geliebt, kannst du es nicht fassen, ich bin nicht mehr, was du bis jetzt bei dir gehabt hast, in mir ist jetzt etwas anderes, ja, da, da," sie nahm seine Hand und führte sie an ihre eisenschwere Brust, die von Feuchtigkeit triefte, wie ein Baum im Mittagsgewitter August, „das fließt aus mir, seit der Hetzjagd im Wald, seit diesem Abend."

„Meine Brust ist Mutter, ich soll es nicht sein?"

„Wer besteht darauf, ich bin der letzte . . ."

„Der letzte! Der letzte!" Sie drückte auf einen Klingelknopf, ein stämmiges, dickes, kleines Weib, wie ein Insekt lackartig glänzend in spiegelnder Wachstischschürze bis zu den Fersen, erschien: „Gnädige Frau?"

„Kann der Arzt kommen? Kann er augenblicklich kommen?"

„Wir werden telephonieren“, sie verschwand, entglitzerte.

„Ich gehe“, sagte Edgar.

„Nein! Soll ‚es‘ vertilgt werden, dann unter deinen Augen!“

„Esther!“

„Nun?“

„Wie soll ich dir danken?“

Knirschend hervorgerollt, „Edgar!“

Das Weib: „Der Herr wird sofort kommen, zur Untersuchung.“

Edgar: „Untersuchung?“

„O, keine Angst. Dein Wille geschieht, es ist ernst, *Liebling*!“ Zu dem Weib: „Kann ich meine Kleider anbehalten, muß ich nackt sein?“

„Aber Gnädigste, wie Sie wollen! Es ist höchstens, daß etwas schmutzig wird.“

„Dann kleide ich mich an.“

„Aber, Gnädigste, der Herr . . .“

„Mein Bruder.“

Der Arzt: „Wir wollen also gleich uns umsehen. Aber hier, der Herr?“

„Der Bruder der Dame.“

„So, also der Bruder der Dame. Sie können, verehrte Gnädige, das Tuch ohne Besorgnis vom Gesicht nehmen. Ich bin Arzt, sollten wir uns in Gesellschaft treffen, sind Sie mir fremd, ich Ihnen . . . selbstverständlich . . . unser Eid, übrigens, welche Bagatelle, eine Untersuchung, sonst nichts! Schmerzlos.“

Esther, ein Tuch um den Kopf, ihr Gesicht zu verbergen, wankte an Edgars Hand aus dem dunklen Zimmer, von Ihrer Brust rann Mütterlichkeit, Nässe fast schwarz auf leicht vergilbten Spitzen. Halbblind erturnte sie den hohen Operationstisch. Sie sagte nichts, seufzte nicht. Ihre Hose, handbreite Stickerei um die Knie, so mädchenhaft, ihrer Schenkel edel geschwungenes Fleisch, alles goldgelb, elektrisch umgleißt vom blendenden Scheinwerfer. Sie stieß Edgars Hand von sich, er schlich in den Winkel, Metall klirrte, Wasser rauschte.

„Also? Es ist vorbei, meine Dame! Die Untersuchung hat nichts — bedrohliches ergeben. Sollten aber doch, was nicht vorauszusehen, und nicht beabsichtigt, gewisse Blutungen einsetzen, so bitte mich zu verständigen, auch zur Nacht! Sie! Sie," er stieß Edgar an, „helfen Sie, machen Sie mit, tragen Sie mit mir Ihre Schwester in ihr Zimmer zurück!"

„Lassen Sie ihn!" Unter einem Schwall von Tränen schleuderte sie das Tuch, das ihr Gesicht verbarg, zur Erde, gebückt wie ein Tier, schwer schleifte sie durch das helle Zimmer in ihren Raum, wo im Dunkel Hitze brütete.

VI.

Am nächsten Tage rief Edgar seine Geliebte an, es meldete sich die Wirtin, sagte, alles gehe gut, nach zwei Tagen hieß es, die Dame sei bereits auf dem Wege der Besserung, immer wurde Esther an den Apparat gerufen, sie kam nie. Er schrieb ihr. Seine Vermögensverhältnisse hatten sich gebessert, er konnte Esther eine unvergleichlich schönere Existenz verschaffen, sie sollte in den Beruf nicht mehr zurück. Er war erschüttert, besänftigt durch ihre Tat, daß „es" nicht mehr lebte, gab ihm ein neues Dasein, eine neue Gewalt, da sein Wille sich durchgesetzt hatte, Esthers Liebe zu ihm die Natur überwunden hatte. Aber sehr lange erfuhr er nichts von ihr, als daß sie lebte, dann schrieb sie auf einer bunten Karte mit unleserlichem Poststempel: „Bitte, mir jetzt nicht zu schreiben." Drei Tage nachher las er in der Zeitung, daß sie sich mit dem Bankier Anschütz, seinem Freund, verlobt hatte, sechs Wochen nachher fand die Trauung statt ohne Fest, nur in Gegenwart der Zeugen.

Edgar verreiste, seine Aktien waren inzwischen von 700 auf 825 gestiegen. Kaum war er zurück, wurde er telephonisch angerufen, der Bankier meldete sich: Edgar sprach seine Glückwünsche aus, aber nicht darum handelte es sich, die Papiere wankten, sehr sicher war nichts, sollte man verkaufen? Der Bankier antwortete nicht, die Verbindung wurde wie durch Zufall unterbrochen. Edgar, der seine Ruhe und sein Kapital für eine Erfindung, einen neuen Farbstoff, brauchte, rief nochmals an, Anschütz antwortete etwas ungeduldig, er könne seinen Rat nicht mehr wie bisher „unter Freunden" gehen, die Verantwortung sei zu groß. Schließlich riet er Edgar, entweder augenblicklich, wenn auch mit Verlust loszuschlagen, oder zu warten, er selbst scheide aus, Edgar fühlte erst beim letzten Wort am Telephon, daß er einen Freund verloren hatte.

Nun lebte er, ganz wieder, wie in der Zeit vor Esther, in seine Arbeit hineingezwungen in seinem Laboratorium. Er hatte mit der Unterstützung eines jüngeren Kollegen eine Erfindung gemacht, ein nie dagewesenes Rot, eine wundervolle Farbe, säureecht, unzerstörbar.

Nach Wochen meldete sich der Bankier wieder, er rief nachts an. Am Telephon hörte man Summen, Musik, wie auf einen Gummifaden gespannt. Es sei Gesellschaft bei ihm, sagte er, dennoch riefe er an. Die Papiere zeigten Tendenz nach abwärts, sollte man abstoßen? Er entschuldigte sich mit keinem Worte, das er den früheren Freund nicht zu sich einlade, ihm nur so im Vorübergehen am Telephon seine Entschlüsse abzwinge. Verantwortung übernehme er nicht, riete aber doch dazu zuzuwarten, die Deckung, für die er seit zehn Jahren aus eigenem gebürgt, müsse freilich erhöht werden. Wie? Vielleicht einen Vorschuß auf den Gehalt Edgars als Chemiker, denn auch die Fabrik, in der Edgar arbeitete, gehörte der Bank Anschütz.

Drei Tage nachher war alles verloren, die Aktien standen so tief, daß Edgar dem Bankier einen Betrag schuldete, der nie abzuzahlen war. Aber Esther, zum erstenmal Esthers Stimme am Telephon, sagte, er solle sich keine Sorgen machen, Edgars Stellung in der Fabrik, fast leitend, blieb. Edgars Stellung in der Fabrik, fast leitend, war unhaltbar, denn sein Mitarbeiter, der um acht Jahre jüngere Mitarbeiter, wurde Chefchemiker, stand über Edgar. Die Erfindung, bei dem verpfändeten Gehalt die einzige Rettung, war beiden Chemikern bekannt. Trat Edgar aus, blieb dem Jüngeren alles, mit ihm zusammenzuarbeiten war trotz der Demütigung, die der alternde Edgar auf sich nehmen wollte, unmöglich. Der Direktor der Fabrik war machtlos. Anschütz war der Herr, Anschütz hatte es so verfügt. Aber die Erfindung, das neue Rot, wurde von Anschütz dem Assistenten zuerkannt. Edgar hätte doch nichts dabei getan, als die schmutzigen Probiergläser auszuwaschen, und sich unaufhörlich die farbigen Hände mit Bimsstein zu reinigen. Das war Lüge? Dann sollte doch Edgar persönlich zu Anschütz, und freundschaftlich alles aufklären. Edgar ging. Anschütz war stets unerreichbar. Man ließ ihn warten, niedersitzen in einem ungeheizten Zimmer, nebenan war Anschütz zu hören, wie er lachte, mit Esther sich lange unterhielt, seine Schritte schienen oft nahe der Tür, seine Hände drückten schon an der Klinke; Edgar erhob sich, aber niemand kam, es wurde still. Edgar nahm sich zusammen, er trat ein, fand Esther allein. Sie war sehr elegant, mit Schmuck behängt, sehr verjüngt, ein junges Mädchen, ein glücklicher Mensch.

„Was willst du? Deine Stelle ist vergeben, nicht einem besseren, einem anderen einfach. Warum hast du so lange gewartet? Die Stadt ist zu klein für Edgar und Esther. Die Welt ist groß. Man wird dich entschädigen. Du erhältst Nachricht. Kommen? Nein, man schreibt dir.“

Nach kurzer Zeit kam ein Angebot. Edgar reiste in den Ort, der frühere Chemiker war an Lungenblutungen erkrankt, er lag in elendem Zustande in einem verlotterten Hotelzimmer. Die Tätigkeit, unaufhörlich in feuchten Salzsäuredämpfen, verätzte jede Lunge, auch sein Vorgänger sei erkrankt, erzählte er und warnte.

Edgar kehrte zu Esther zurück. „So, das ist schade,“ immer lächelnd, „wozu es leugnen, ich will dich nicht hier.“

„Man wird mich nicht sehen.“

„Aber, Edgar, wozu die Demütigung, vor ihm, meinem Mann. Du!"

„Denke doch, du zwingst mich zum Selbstmord, erinnere dich . . ."

„Erinnern? Liebe ich dich nicht? Aber wir sprechen von Geschäften. Warum hast du deine Papiere nicht behalten, du wärest Millionär. Wozu es leugnen, es machte mir Spaß, und für ihn, meinen Mann, war es ein gutes Geschäft. Mein Rat ist: Gehe ruhig in die Fabrik, die neue Farbe gelingt dir, dann bist du dein eigener Herr. Das war doch stets dein Wunsch. Aber beeile dich, auch die Stelle dort könnte besetzt sein."

Edgar reiste hin, arbeitete den ganzen Winter dort, schlief in dem Bett des erkrankten Vorgängers in dem verlotterten Hotel. Die Zeit war fürchterlich, er hatte alle Mühe für die Fabrik, dazu reichte kaum der Tag, die Nacht brauchte er für sein *Rot*.

In einer Märznacht schlief er bleiernen Schlaf, auf die Glasplatte des Tisches gesunken. Er träumte, er schwämme durch das Meer, im Munde alle salzige Bitternis des Meerwassers, und Esther, über den Bord eines Schiffes gelehnt, schütte neue Bitternis in seinen Schlund. Er erwachte. Es war Blut.

Er reiste zurück, zu dem einzigen Menschen, den er kannte, Esther: „Blut? Einfache Lungenblutungen, Tuberkulose ist es nicht."

„Du bist gut unterrichtet."

„Ich denke viel an dich, weil ich dich liebe. Du bist grau geworden. Mußt du das?"

Sie fuhr mit ihrer Hand in den Schlitz seines Hemdes, befühlte wie ein Liebender Edgars Brust, sein hart pochendes Herz, seine Haut, die schwamm in bitterer Feuchtigkeit.

„Ich will dir etwas sagen, aber nicht hier. Ich will dir etwas vorschlagen, nur ein Geschäft, aber nicht hier, willst du?"

„Komm zu mir?"

„Kommen? Wohin?"

„Hast du vergessen, wo ich wohnte? Esther, hast du vergessen? . . ."

„Habe ich vergessen?" sagte sie und ein fürchterliches Lächeln ging um ihren Mund.

VII.

Am nächsten Abend, Esther zu Edgar: „Was ich von dir will? Ein nacktes Geschäft. Ich bin zwei Jahre verheiratet, mein Mann ist jung, ist stark, jünger, stärker als du. Aber ich bin nicht mehr fruchtbar.

Meine Brust hat zu fließen nicht mehr aufgehört, in mir ist es Mutter, wie kann ich weiterleben? Steh jetzt nicht auf, rühre dich nicht, du wirst deine Kräfte noch brauchen, heute Nacht, das ist mein Geschäft.

Du bist in Geldsorgen, so kann dir nur durch Geld geholfen werden. Dieses Geld erhältst du, wenn du mir meinen Willen tust und dann verschwindest, das wird auch deine Absicht sein, denn zu sagen haben wir uns sonst heute nichts. Nimm mich, aber nimm mich nicht als die Esther, die du gehabt hast. Jetzt will ich nur eins: fruchtbar sein. Ich bin ohne Kleider vor dir gelegen, nackt bin ich jetzt vor ihm, nachts wälze ich mich über ihn, meinen Mann, aber er ist eine unfruchtbare Quelle, wer konnte das vorher wissen? Aber jetzt genug Worte, ist es dir heute recht? Kann ich angezogen bleiben, soll ich nackt sein, mir ist es gleich. Wie alles, nur das eine nicht, ‚es'."

Er tat es aus Not. Ohne Worte, wie sie es verlangte, umwand er die verwandelte Geliebte in eine kalte Umarmung.

„Liebe ich dich noch?" sagte sie, „zürne ich dir, du hast mich zum Menschen gemacht, du hast mich zum Tier gemacht. Und du, und du," sie strich mit steinernem Finger eine tiefe Linie von der Halsgrube über das Brustbein den Leib hinab den schmerzlich aufatmenden Geliebten, „jetzt, wo du leidest, bist du Mann. Deine Lunge wund? Daß deine Wunde nicht außen liegt, Esther würde dich heilen." Sie überbreitete sich ihm, Feuchtigkeit, lauwarme, streifte, wie einer Weide regengetränkte Zweige, seine hingestreckte Gestalt, ihre langen Augenwimpern, tränenumflossen, liebkosten sein vereistes Herz mit Liebkosungen, ungeahnt.

Er fühlte: Hätte ich doch einen Stachel, eisern, rostig, mit Widerhaken, damit ich ihn in sie bohren könnte!

Er sagte: Mein Geld, wann?

„Morgen, erwarte mich etwas früher."

Am nächsten Tage war sie schon um fünf Uhr da, sie verdunkelte das Zimmer, entkleidete sich, erwartete ihn. War er roh, sie freute sich. Geld brachte sie nicht.

Am dritten Tage: „Es ist genug, ich will nicht mehr."

„Was habe ich dir getan? Edgar?"

„Was noch? Du weißt alles. Mein Vermögen . . ."

„Mein Kind . . ."

„Meine Stellung, meine Zukunft, die Erfindung . . ."

„Mein Kind . . ."

Er riß Furchen in sein verstörtes Gesicht, er grub mit seinen von der Färberarbeit farbig gebeizten Fingern Gruben zwischen Stirn und Mund: „Meine Gesundheit, mein Leben, mein Mund voll Blut?“ Sie schwieg. „Bist das alles nicht du?“

„Es ist heute zum letztenmal, der Abschiedstag. Wobei soll ich schwören?“ Auch am nächsten Tage brachte sie nur Zärtlichkeiten, Geld aber nicht. Er ergriff die im Zimmer lüstern Umhertaumelnde an den Fußknöcheln, stürzte sie von untenher krachend auf den Erdboden. „Hast du kein Erbarmen, was bin ich dir?“

„*Liebling*“ flötete Esther.

„Noch bin ich nicht wehrlos. Für mich habe ich nichts mehr zu hoffen, endlich sehe ich das Muß, aber du sollst nicht reine Freude haben.“ Er fuhr mit beiden Händen unter ihr Beinkleid, mit den Händen es ausweitend, zerfetzte er es zischend, mit den Nägeln riß er Stücke heraus und ballte sie in einen Knäuel in seiner Faust. Sie hielt ihm ihr weißes Gesicht entgegen, voll Hohn: „Wie willst du mir drohen?“

„Ein Wort an deinen Mann . . .“

„Und wenn er es weiß? Wenn er mich herschickt zu dir? Aber gleich. Es ist genug. Ich bin zu versöhnen. Ich bin es nicht, es ist meine Natur. Meine Natur will Befriedigung, ein Kind, lebendigen Samen. Was ist Esther als Geliebte? Du hast mich gehaßt, in dem, was aus mir kommen sollte. Was bin ich als Gattin?“ Sie breitete die zerrissenen Stücke Spitze auf ihren Fingern aus und blies mit lauem Atem hindurch. „Als Mutter werde ich leben.“

Nach einer Woche kam sie, aber sie verdunkelte das Zimmer nicht, warf sich ihm nicht hin.

„Es wächst in mir.“

„Und . . .“

„Hast du es nur des Geldes wegen getan? Ist das noch Edgar? Einerlei, morgen bringe ich dir das Geld. Um vier Uhr erwarte mich.“

Edgar verbrachte die Nacht schlaflos aus Haß.

Um vier Uhr übergab sie ihm einen Scheck, um viertel fünf erschien Anschütz, von Edgar durch ein anonymes Telegramm bestellt. „Bin ich zugrunde gegangen,“ sagte er zu Esther, während der Mann an der Tür pochte, „dann wenigstens nicht allein.“

„Warte ab“, sagte Esther, sie trat Anschütz mit Unbefangenheit entgegen. „Mein Jugendfreund“, sagte sie, wie sie vor Jahren zu dem dienenden Weib gesagt hatte. „Mein Bruder.“ Anschütz ging scheinbar beruhigt mit Esther fort, Edgar wurde seiner Infamie nicht froh, das Geld wurde ihm nicht ausgezahlt, Esther hatte es gesperrt.

Edgar konnte ohne Geld die verhaßte Stadt nicht verlassen. Er bekam nach langem Suchen eine Stelle als Hilfschemiker in einer Anstalt, wo man Kot, Urin, Auswurf chemisch untersuchte, aber auch zu dieser Arbeit ließ man ihn nur widerwillig zu, da ältere Kräfte wie er als schwer behandelbar galten. Und dann, was konnte ein Mensch leisten, der es in Edgars Alter zu keiner Position gebracht hatte und sich in den Zeitungen anbot?

In der Mitte des Sommers traf Edgar Esther. „Du bist immer noch hier? Konntest nicht fort. Ich bin unschuldig. Anschütz hatte Verdacht, es durfte kein größerer Betrag auf geheimnisvolle Art ausgegeben werden, du verstehst."

„Aber du hast doch den Scheck schon vorher gesperrt."

„War es nicht gut für mich? Ich kannte dich."

„Willst du mich jetzt gehen lassen?"

„Hast du keine Zeit für mich? Ich könnte dir manches erzählen, komm mit mir ins Freie, in den Wald, wo wir damals waren, erinnerst du dich?"

Während der Fahrt: „Wie lebst du? Du siehst nicht gut aus, bist du denn wirklich krank? Deine Erfindung? Dein tägliches Brot?"

„Ich untersuche, was die Menschen auswerfen, sie bringen Kot in kleinen Töpfen von Liebigs Fleischextrakt, eitrigen Speichel in Wassergläsern, die mit einem Taschentuch oben zugebunden sind, und anderes —, aber genug, auch so kann man leben."

Sie stiegen an der gleichen Station aus, wie an dem späten Abend im April, nach dem Gewitter, sie suchten die Gegend des stürmenden Laufes, die Waldblöße, den Winkel, wo sie sich endlich, einer hinstürzend über den andern in verzweifelter Umarmung berauscht hatten, aber sie fanden die Gegend nicht mehr.

„Wie sollten wir den Eingang zur Hölle finden, da wir doch mitten in ihr leben? Ich habe ‚es' noch nicht, bin noch nicht gerettet, Anschütz hat Verdacht, er berührt mich seit dem Abend bei dir nicht mehr, er lauert mir auf, spioniert mir nach, sieh her", sie streifte den Ärmel ihrer spitzenumflossenen Bluse von der Schulter, eine leicht verharschte Wunde wies sich. „Verstehst du das? Diese Wunde gibt alle vier Wochen Blut. Dieses Blut soll Anschütz täuschen, mein Kind vor ihm schützen, inzwischen," sie rauschte auf der Erde zusammen und schwere Wolken starken Parfüms erhoben sich zu Edgar, „inzwischen locke ich ihn Nacht für Nacht, mit was man Menschen seiner Art lockt, bis es gelingt. ‚Es' wird leben, ich lebe in zweifacher Welt, wachend hier, schlafend dort, ich fühle, wie es in mir aufgeht, ich habe etwas, das du nie gekannt hast, auch in meiner ersten Nacht nie, ich höre immer, wie es lebt in mir.

Sie standen zwischen harzstrotzenden jungen Bäumen, in wehenden Wänden ohne Dach, in hoch flirrendem Mittag.

Alles an ihr starrte wie heißes Erz ihm entgegen, ihre gewaltige Brust mit blauschwarzem Hof in der Mitte, glühte. „Bist das nicht du, Edgar, jetzt erst du?" Adern in verknäuelten Strängen zogen von allen Seiten dieser Brust zu, vor seinen Augen sah Edgar diese Brust sich wie Wolken senken, die Brustwarzen sich abwärts, herzwärts neigen, einem Kinde entgegen, das geahnt war in diesem Augenblick aufzusteigen aus dem geschwellten Leibe zu der glühenden Quelle dieser mütterlichen Brust.

„Ich werde dich nicht vergessen, bald muß es sich entscheiden, wird das Kind gerettet, ich schwöre es dir, dann bist du es auch!" So kehrten sie in die Stadt zurück.

VIII.

Nach vier Wochen war abends Esther vor der Schwelle von Edgars Tür, dort hatte sie den ganzen Nachmittag gewartet. Auf das Fensterbrett des nächsten Stockwerks gehockt, da sie in ihrem Zustand nicht lange stehen konnte. Statt der Worte zeigte Esther, die sonst so knabenschlanke ihre wie Säulen angeschwollenen Beine. Stumm spielte sie mit dem Geliebten von einst, griff ihm in die Hosentasche, holte loses Geld heraus, ließ es klingeln, „ist das alles?" machte einen Zug in seine Brusttasche, entfaltete die gefundenen Banknoten wie Spielkarten zu einem Fächer in ihrer Hand, legte schließlich ihre Ohrgehänge hinzu, Ringe, eine kleine Uhr. „Das ist unser Geld, ich kehre zu meinem Mann nicht mehr zurück. Für ihn spiele ich umsonst Komödie. Für mich, sagt er, die Wunde an der Schulter, wer könnte derartiges glauben, wenn dein Bauch den Leuten zum Gelächter dient, wenn deine Elefantenbeine jeden Strumpf zerreißen. Ich habe Liebe nie verlangt, sagt er, bloß Aufrichtigkeit, du warst nicht schön, bist mittellos, Edgars abgelegte Geliebte, ich liebte dich trotzdem, sagt er, aber das da, und er faßt an meinen Leib, wessen Frucht? Mein Kind ist das nicht. Du bist um zwanzig Jahre jünger als ich, dein Kind ist um dreißig Jahre jünger als du, ihr werdet mich beerben. Würdet, sagt er. Mord könnte ich verstehen, Diebstahl nicht, dein Kind bestiehlt mich und meine Nachkommen, an denen du nicht hättest verzweifeln müssen. Dienstboten traten ein. Schweige jetzt, sagte ich. Nein, sagt er, es mögen alle davon wissen, nur so entgeht man dem Gespött, ich lege keinen Wert mehr darauf, dich als Hausfrau hier zu sehen. Ich ging. Zu wem zurückkehren?

Nun sind wir eins, nicht mehr zwei, ich habe mich zugrunde gerichtet mit dir und mein Kind. Hätte ich dir deinen Sündenlohn gegeben, dann hätten alle drei Brot. Ist es vorbei? Was bist du, was hast du? Und vor allem eins: läßt du „es“ am Leben?“

Edgar ließ „es“ leben. Er selbst kündigte, weil Esther es so riet, die Stellung am Untersuchungslaboratorium, sein früherer Assistent hatte die Erfindung jener Farbe nicht vollendet, es bestand noch die Möglichkeit für ihn, die Sache zum Gelingen zu bringen. Esther verkaufte alles, was sie an Schmuck hatte, man schaffte dafür eine chemische Wage, einen Arbeitstisch, Platintiegel an, eine große Anzahl von Flaschen kam, da schon die Ausdünstung von ganz unschuldigen Lösungen Edgars kranke Kehle reizte, in den Raum zwischen den Fenstern. Esther diente ihm wie eine Magd, so retteten sie durch die Sommermonate ein erbärmliches Dasein, die Arbeit ging ohne Glück vor sich.

Eines Nachts erwachte Edgar, Blut auf die von Esther frisch gewaschenen Kissen speiend. Esther, hochschwanger, flackernd im Kerzenlicht, riß ihm den Kopf aus dem Bereich der Kissen, tauchte ein Handtuch in Wasser, hielt es ihm unter den Mund. „Blut!“ stammelte er.

„Nun, Blut! Mußt du die Kissen beschmutzen, wir müssen darauf liegen, wer wird sie waschen?“ Schluchzend: „Nun erst ist ‚es‘ verloren, wo es gebären, für wen zuerst sorgen, wohin es legen? wenn er schon da liegt!“ Sie faßte das Handtuch und preßte es aus, blutige Flüssigkeit tröpfelte zur Erde, mit ihren Tränen vereint; so verbrachte sie stöhnend die Nacht und ließ die Hand nicht von Edgars Stirn.

Am nächsten Morgen ging sie zu dem Weib, das sie in funkelnder Wachsschürze, glänzend wie ein Insekt, empfing, als wäre sie gestern eben von dort fortgegangen. Der Arzt, höflich, gemein, alltäglich zugewandt dem unerhörtesten Mord der Mutter an ihrer Mütterlichkeit, tat, was man von ihm erwartete, wofür sie ihn mit dem letzten Gelde bezahlte. Das Kind wurde vertilgt. Sie kehrte zu Edgar zurück, pflegte ihn, bis er sich wieder erheben konnte, um in das Untersuchungslaboratorium zurückzukehren, wo man ihn aus Mitleid wieder einstellte. Auch Esther verdiente ihr tägliches Brot.

Edgar und Esther lebten miteinander viele Jahre, nachdem sie einander geliebt hatten. Sie wehrten sich nicht gegen Kindersegen, als sich ihre Einkünfte gehoben hatten, aber es kam nichts mehr.

Sie wohnten am äußersten Ende der Stadt, liebten sich nicht und haßten sich nicht, der Spiegel in dem Glase Wasser zwischen ihnen bei den grauen Mahlzeiten trübte sich nicht; rührt sich nie, sie lebten ihre alternde Zeit, als wäre es Unsterblichkeit, sie erwarteten weder Gutes noch Böses. Er, der Irrsinn und menschenleere Einsamkeit gefürchtet hatte, war verflucht zu endlosem Alter, nie von Esther verlassen, sie, die Mutter ohne Samen, verdorrt, ein Strauch am Gestein.

9 789356 900585

Printed at Repro India Ltd.